AF554377

ÉSULTATS ÉCONOMIQUES

DU PAYEMENT

DE LA

RIBUTION DE GUERRE

EN

ALLEMAGNE ET EN FRANCE

PAR

L. WOLOWSKI

MEMBRE DE L'INSTITUT, DÉPUTÉ DE LA SEINE

Extrait du JOURNAL DES ÉCONOMISTES
(Numéro de Décembre 1874).

PARIS

GUILLAUMIN ET Ce, ÉDITEURS

De la Collection des principaux Économistes, du Journal des Économistes,
du Dictionnaire de l'Economie politique, etc.

RUE RICHELIEU, 14.

1874

RÉSULTATS ÉCONOMIQUES

DU PAYEMENT

DE LA CONTRIBUTION DE GUERRE

EN ALLEMAGNE ET EN FRANCE.

SOMMAIRE. *Préambule.* — I. Caractère général du payement imposé à la France.— II. Comment nous sommes-nous acquittés.— Influence de la *colonisation des capitaux*.— L'impôt.— III. Charges à couvrir, et mode de payement. — Moyens de libération. — IV. Sacrifices consentis. — Cours forcé des billets de banque. — Comment il a pu être appliqué sans grave danger. — V. Le change. — Forme de la libération. — Mouvement de l'or. — La question monétaire. — VI. Emploi de la contribution de guerre en Allemagne. — VII. Influence du payement rapide sur la richesse véritable. — VIII. La réforme monétaire en Allemagne. — IX. Les importations et les exportations. — X. La distribution des biens. — Conclusion (1).

La funeste guerre de 1870 a infligé à la France d'immenses sacrifices matériels, sans parler du plus lourd et du plus douloureux de tous, la perte de l'Alsace et de la Lorraine. Nous avons payé au vainqueur plus de cinq milliards et demi; en y ajoutant les dépenses faites, les approvisionnements détruits, les ruines à

---

(1) Ouvrages consultés : *Rapport sur le payement de la contribution de guerre et sur les opérations du change qui en ont été la conséquence*, par M. LÉON SAY, député de la Seine, ancien ministre des finances. — *Das Reichsfinanzwesen*, par M. WAGNER, professeur à Berlin. — *Die fünf Milliarden*, par M. LOUIS BAMBERGER, député au Reichstag. — *Die fünf Milliarden. Betrachtungen über die Folgen der grossen Kriegsentschädigung*, par M. SOETBEER. — *Theory of the foreign Exchanges*, par M. GEORGES GOSCHEN, membre du Parlement, ancien ministre. — *Le change et la circulation* par M. L. WOLOWSKI.

réparer, et les dommages subis, on ne saurait estimer à moins de dix milliards l'atteinte portée à la fortune publique.

Jamais un peuple n'eut à supporter une charge aussi lourde, et jamais un plus sérieux sujet d'étude ne s'est rencontré pour l'économie politique appliquée.

Nous essayerons d'aborder le côté général du problème financier, qui se rattache aux événements de ces quatre dernières années. Les faits accomplis dans cette direction se prêtent à une investigation curieuse et il peut en résulter d'utiles leçons de science pratique. Si l'économie politique est avant tout, comme le disent les Anglais, un ensemble de faits, *matter of facts*, dont une observation exacte conduit à constater la loi, essayons d'apprécier les conséquences inscrites sur cette triste page de l'histoire.

Beaucoup d'anciennes erreurs ont été dissipées, beaucoup de préjugés ont disparu, et les vérités enseignées par la théorie pure ont rencontré la décisive constatation de l'expérience. La plupart des problèmes, agités par les économistes, ont rencontré la pierre de touche infaillible de la réalité. Sources véritables de la richesse nationale, circulation métallique, puissance du crédit, rôle des banques, émission de billets faisant office de monnaie, unité de circulation fiduciaire, cours forcé, puissance et éléments du change, balance du commerce, résultats des importations et des exportations, déplacement des capitaux, constitution des impôts, production industrielle, répartition des charges publiques, des pertes subies d'un côté et des avantages obtenus de l'autre, tels sont les aspects variés sous lesquels il importe d'étudier la plus grande opération financière, non-seulement de ce siècle, mais de tous les temps, le payement de notre contribution de guerre.

Ce payement a été accompli en peu d'années, alors que l'imagination s'arrêtait effrayée devant les difficultés, et presque devant les impossibilités présumées d'une pareille entreprise. Trouver disponible et déplacer une telle masse de milliards de francs, semblait également téméraire. Mais le succès obtenu ne pourrait-il pas entraîner un autre danger ? Autant certains esprits reculaient devant l'hypothèse hardie de l'accomplissement rapide des engagements contractés, autant d'autres paraissent disposés à oublier dans quelles conditions et à quel prix, nous avons pu y faire face.

Le fardeau a été lourd, il n'a pas été écrasant ; l'épanouissement fécond de la richesse publique a subi un temps d'arrêt, mais la source n'en est point tarie. Les causes qui avaient amené la transformation progressive de notre labeur, dans toutes les directions, ne sont pas détruites ; elles contribueront activement à réparer les pertes et à reprendre l'œuvre interrompue.

Notre siècle a été témoin d'une immense révolution économique, dont les principaux facteurs sont la liberté du travail et de l'échange, le progrès des lumières, l'application des sciences à l'industrie, la puissance de la vapeur, l'extension et la rapidité des voies de communication, les merveilles du crédit, la multiplication des rapports, aidée par la réforme postale et par l'admirable découverte du télégraphe électrique, une prévoyance plus éveillée et une activité plus énergique, fécond résultat de l'initiative individuelle qui accompagne partout les conquêtes de la liberté et l'affermissement de l'ordre.

Adam Smith a écrit au frontispice de son immortel ouvrage : « C'est le travail annuel qui est la première source de la richesse des nations. » Paroles fortifiantes pour les États qui savent travailler avec ardeur et épargner avec prudence, paroles consolantes pour ceux qui comprennent comment il faut réparer les pertes subies !

La France saura puiser une vigueur nouvelle, dans la nécessité de faire face à de nouvelles charges. Pour nous rendre compte de l'étendue de ce devoir, commençons par mesurer la portée de notre désastre, en écartant d'abord une objection vulgaire, dont l'économie politique a depuis longtemps fait justice.

Le sort contraire nous a imposé un payement de près de six milliards de francs. Mais c'est à peine si les calculs les plus favorables faisaient monter à une pareille somme le total de l'or et de l'argent dans notre pays, au moment où s'est engagée la fatale guerre de 1870. Il fallait payer *comptant;* si la richesse se résumait dans la réserve métallique, nous aurions dû livrer notre dernier écu, et la France serait absolument ruinée.

Dieu merci, cette chimère du système mercantile n'abuse plus que peu d'esprits, et le spectacle auquel nous assistons est de nature à la dissiper sans retour. L'or et l'argent constituent un capital, et par conséquent un instrument de production; ils fournissent la matière première d'un mécanisme admirable qui, en rapprochant les hommes, et en facilitant l'échange des produits, contribue à épargner le plus d'efforts et à multiplier la récompense du travail. Mais les métaux précieux ne sont qu'une faible portion de la richesse véritable, la portion la plus mobile et qui se reconstitue le plus facilement. Nous avons remis à l'Allemagne près de six milliards, et c'est à peine si un sixième de cette masse de numéraire a été matériellement déplacé, soit en or, soit en argent; chose plus curieuse encore, notre *stock métallique*, a déjà réparé cette diminution temporaire, il s'est remis au niveau de ce qu'il était avant la guerre.

Est-ce à dire que la trace matérielle de notre échec se trouve effacée, et que les choses se trouvent ramenées à l'ancien état? Non. Nous avons soldé la contribution de guerre, mais nous n'en porterons pas moins le fardeau pendant un long espace de temps; il serait dangereux de s'y méprendre. Notre dette a été transformée, elle n'est pas éteinte.

I

Comment cette transformation et cette libération ont-elles été accomplies? Un document important, dû à une plume autorisée, le rapport de M. Léon Say, fait au nom de la commission du budget de 1875, *sur le payement de l'indemnité de guerre et sur les opérations de change qui en ont été la conséquence* (1), nous l'apprend d'une manière aussi claire que complète.

Par ce beau travail, M. Léon Say a prouvé qu'il continue dignement une noble tradition de famille et qu'il porte sans plier sous ce glorieux souvenir, le nom illustre de son grand-père Jean-Baptiste Say, le grand économiste, et le nom honoré de son père Horace Say, ancien membre de l'Académie des sciences morales et politiques.

M. Léon Say était bien préparé pour la tâche difficile, qu'il vient de remplir d'une manière remarquable. Il a publié, en effet, il y a quelques années, la traduction de la théorie des changes étrangers (2) de M. Georges Goschen, membre du Parlement, et digne collègue de M. Gladstone dans un ministère justement renommé pour ses lumières en économie et en finances. C'est un ouvrage regardé comme classique en cette matière peu connue (3), et la préface dont le traducteur français l'a enrichie, est digne de l'œuvre elle-même. Tout le mécanisme du change étranger, et des éléments variés qui le constituent aujourd'hui, s'y trouve exposé d'une manière précise; c'est le meilleur commentaire de l'histoire de la contribution, dite de cinq milliards, dont M. Léon Say a été le lumineux interprète.

Par une heureuse coïncidence, nous avons reçu en même temps la publication de M. Adolphe Wagner, professeur d'économie politique à l'Université de Berlin, sur les finances de l'Empire d'Allemagne (3). L'auteur jouit d'une réputation méritée, il a écrit de

---

(1) V. le *Journal des Economistes*, 15 novembre 1874.

(2) *Theory of the foreign Exchanges.*

(3) *Das Reichsfinanzwesen* von Professor *Dr Adolph Wagner* in Berlin. Au moment où nous venions de terminer notre travail, nous avons pu

nombreux ouvrages sur les finances et sur les banques. Sa nouvelle production est consacrée à l'étude du mode suivant lequel l'Allemagne a été remboursée du montant de la contribution de guerre, et à l'examen des résultats de ce payement.

Les chiffres donnés par M. Wagner sont tous puisés dans les documents officiels de l'Empire; ils fournissent le contrôle des chiffres recueillis par M. Léon Say et confirment leur complète exactitude.

M. Wagner reconnaît avec sincérité que, lors de la signature de la convention de Versailles, on a éprouvé un certain embarras pour trouver la dénomination fidèle du payement énorme imposé à la France. Ce n'était pas en effet une *indemnité de guerre*, puisque le chiffre dépassait de beaucoup les dépenses faites par l'Allemagne; les évaluations les plus élevées, admises par M. Wagner ne montent pas à plus d'un milliard cinq cents millions de francs pour les frais supportés par l'Allemagne; il s'agit donc d'un surplus d'environ quatre milliards.

« L'élévation du total exigé, nous traduisons ici les propres paroles de M. Wagner (1), a excité non-seulement l'indignation de la France, mais aussi causé une certaine surprise dans les pays neutres, et jusque chez les peuples amis, et l'Allemagne en a elle-même été étonnée. La somme de cinq milliards a paru en désaccord avec les charges directes et indirectes des finances allemandes, et dépasser, même en y comprenant le rétablissement de la puissance militaire, le total de toutes les pertes supportées. »

M. Wagner, tout en faisant quelques réserves, ajoute que la somme ne présente rien d'exorbitant, dès qu'on lui assigne son véritable caractère, qui est celui d'une *pénalité de guerre* (Kriegsstrafe). La fixation devait, dit-il, être élevée, non-seulement dans l'intérêt financier de l'Allemagne, mais aussi pour infliger à la France un ineffaçable souvenir.

Le but est largement atteint; mais ce n'est pas tout. « La contribution frappée devait par son énormité même exercer une pres-

---

également consulter la brochure intitulée *Die fünf Milliarden*, les 5 milliards, dont l'auteur, *M. Louis Bamberger*, est membre du Reichstag germanique, et la publication d'un des plus savants économistes allemands, le Dr Soetbeer, qui a paru sous le titre : *Die fünf Milliarden. Betrachtungen über die Folgen der grossen Kriegsentschädigung für die Wirtschaftsverhältninsse Frankreichs und Deutschlands* (les 5 milliards, considérations sur l'influence de la grande indemnité de guerre à l'égard des relations économiques de la France et de l'Allemagne).

(1) Das Reichsfinanzwesen, p. 90.

sion sur les finanees et sur l'économie entière de la France..... elle appliquait la peine d'une confiscation partielle des ressources nationales. « De cette manière la contribution recevait une signification analogue à celle de la séparation de l'Alsace, de la Lorraine et de Metz. Il fallait affaiblir la France! et c'est au point de vue politique que l'on doit apprécier et juger l'importance de l'indemnité.

Nous l'avouerons, cette âpre franchise nous plaît; comme M. Wagner, nous croyons que le mot *indemnité* ne doit point s'appliquer à une *contribution de guerre*, qui a été dictée plus encore par un intérêt politique que par un intérêt financier.

Nous pensions que les progrès da la civilisation avaient inauguré l'ère d'un droit des gens moins rude; sans doute la France a commis aussi dans le passé des fautes analogues, qu'on lui fait durement expier; nous ne voulons ni les cacher, ni les excuser, nous arrivons seulement à cette triste conclusion que notre siècle doit être moins fier d'un progrès prétendu dans la voie de la philosophie et de l'humanité.

La promptitude de la libération, dit aussi M. Wagner, fournit aux Français un nouveau sujet d'orgueil; ils se vantent de ce que la contribution payée ne laisse presque pas de traces, et l'étranger bénévole s'est remis à glorifier les ressources de la France. — L'auteur semble trouver une consolation dans l'idée que cette appréciation trop hâtive demeure erronée. Suivant lui, la pression d'un impôt plus lourd ne s'est pas encore fait suffisamment sentir, et l'on est plutôt exposé à tomber dans l'erreur qui ne tient pas suffisamment compte du fardeau économique et financier de la contribution de guerre. On ressent l'heureux effet d'un calme relatif; la puissance du crédit se développe alors d'une manière plus brillante que durable. La France tend à se persuader que la *liquidation de la guerre* se trouve accomplie. En effet, les pertes subies depuis 1870 ont été couvertes par les emprunts et par les avances de la Banque de France, c'est-à-dire par une création correspondante de papier-monnaie. Les nouveaux appels au crédit ont provoqué, pour une forte part, les souscriptions du dehors, et une large opération de change international a permis de se libérer vis-à-vis de l'Allemagne. Mais *pour la majeure partie de la somme, la France n'a fait que changer de créanciers.* En place de l'empire d'Allemagne, elle a maintenant à payer les souscripteurs étrangers de la rente. Les Français eux-mêmes n'ont fourni leur portion de l'emprunt qu'en aliénant les placements faits au dehors, sur papiers italiens, autrichiens, etc., et sur actions et obligations de chemins de fer étrangers. Dans la même mesure la France a cessé d'être créancière du monde, elle a cessé de toucher un revenu fourni par la production des autres États. C'est ainsi qu'elle a pu s'acquitter vis-à-vis de l'Allemagne. Les contribuables français sont contraints de payer aux porteurs de la rente les arrérages qu'ils tiraient auparavant du dehors.

Le tableau n'est point flatté, mais il ne manque pas d'exactitude. On y rencontre un avertissement salutaire; cela vaut mieux que de vaines hypothèses, propres seulement à entretenir de périlleuses illusions, et c'est le cas de dire avec le bonhomme Lafontaine:

Rien n'est plus dangereux qu'un maladroit ami,
Mieux vaudrait un sage ennemi.

M. Wagner constate que la réalisation des placements étrangers a singulièrement facilité le payement de la contribution, sans faire toucher aux instruments productifs du travail de la France. C'est le point essentiel qu'il nous plaît de voir relever par une pareille autorité, confirmée par celle de M. Soëtbeer.

Quant à la vanterie dont il fait un sujet de reproche au caractère national, si elle a pu exister, il faut reconnaître que la France en est guérie. Le rapport de M. Léon Say fournit à cet égard une réponse suffisante aux assertions de M. Wagner; il ne dissimule, en effet, aucune de nos pertes; il ne méconnaît pas non plus les charges léguées à l'avenir. Ce qu'on y rencontre surtout, c'est le tableau fidèle d'une situation extrême, dont on n'a pu sortir que par des efforts presque miraculeux, grâce à un concours extraordinaire de circonstances favorables, qui ont pu contrebalancer la rigueur du sort infligé au pays. De pareilles ressources ne se renouvellent ni avec promptitude ni avec facilité; d'aussi grands sacrifices ne sauraient se répéter, et il a fallu une habileté peu commune pour en tirer le salut.

Mais ces efforts ont été mieux recompensés que M. Wagner ne le suppose. Sans doute notre position financière n'est pas brillante, on ne saurait cependant en méconnaître la solidité. Nous avons réussi à faire face à un péril immense, à force de résignation et en faisant appel à toutes les sources vives de la production, aidée par les épargnes du passé. Tout ce que M. Wagner a relevé, sous ce point de vue, M. Léon Say l'avait fait entrevoir; mais celui-ci avait ouvert aussi des perspectives moins désespérantes.

Si la circulation des billets de la Banque de France a plus que doublé pendant un certain temps, soutenue qu'elle était par les besoins extraordinaires de la place, accrus à la suite des opérations d'un emprunt colossal, bien plus que par le cours forcé, la prudence et la sagesse reconnues de notre grande institution de crédit ont déjà ramené à des proportions normales l'ensemble de ses opérations financières. Les 1 milliard 600 millions d'accroissement des billets se sont réduits à 1 milliard, dont la majeure partie provient de coupures inférieures à 100 francs, que l'on n'admettait pas avant la guerre, et dont la facile acclimatation se trouve démontrée partout. Quant à l'encaisse métallique, il est remonté à l'ancien niveau ; il représente plus de moitié des billets émis. Nous échappons ainsi au péril, justement signalé par M. Wagner, d'un *medium* variable de la circulation; le *cours forcé* n'est plus que nominal, et le billet marche de pair avec le métal. Nous n'avons donc pas à redouter, autant qu'on l'a supposé, la reprise légale des payements en espèces. Le terrain solide du métal n'a point cessé de former la base de nos transactions; nous avons consenti d'autres sacrifices pour conserver cette puissante garantie.

II

Comment avous-nous satisfait au payement de la contribution? M. Wagner a nettement entrevu ce que le rapport de M. Léon Say met en pleine lumière. Pour nous acquitter actuellement, nous avons eu recours à un immense emprunt qui nous impose une charge prolongée, et pour payer en numéraire, en ne touchant que temporairement à notre réserve métallique, déjà reconstituée, nous avons dû aliéner une masse considérable de placements faits à l'étranger, en ajoutant les produits du travail passé aux résultats du travail présent, pour accumuler les éléments d'une opération colossale de change international.

L'ancienne doctrine de la *balance du commerce* s'adaptait aux temps où le mouvement des valeurs internationales se concentrait dans l'exportation et dans l'importation des produits. La différence devait se solder en métal, l'abondance de l'or et de l'argent constituait le profit.

Sans entrer dans l'examen de cette doctrine, il est un fait nouveau qui en modifie singulièrement les conclusions. M. Goschen l'a mis en relief avec beaucoup de force, dans sa *Théorie des changes étrangers*, et son traducteur, M. Léon Say, a complété la démonstration : l'emploi des capitaux dans les placements faits au dehors, modifie singulièrement l'ancien état des choses; on pourrait dire que cet emploi exerce à la fois une influence financière et une influence politique.

Jadis la puissance d'expansion des États se manifestait par l'agression et par la conquête. Le vieux système colonial n'a pas été autre chose que l'exploitation systématique des contrées lointaines, condamnées à s'épuiser pour fournir aux exigences de la métropole : misère d'un côté, faibles profits de l'autre, tel devait être l'inévitable résultat de la spoliation en coupe réglée des peuplades arriérées par un vainqueur insatiable.

L'Angleterre, qui avait épuisé toutes les formes de la domination conquise par le glaive, a changé de système. L'expérience lui a prouvé combien étaient éphémères et restreints les avantages de l'ancienne méthode ; elle en a suivi une nouvelle, en faisant intervenir le capital, qui féconde, au lieu de la force matérielle qui dessèche et détruit. Au moyen de ce que l'on pourrait appeler la *colonisation des capitaux*, elle a communiqué aux populations arriérées du globe les moyens de relever leur condition et d'améliorer leur sort, en échangeant contre des moyens de travail le surplus d'un bénéfice qui n'aurait point existé pour elles sans ce concours fécond.

Ainsi s'est trouvée réalisée, entre des pays divers, l'alliance fructueuse des résultats acquis par le labeur et conservés par la prévoyance et le travail, dont elle diminue la peine tout en le rendant beaucoup plus productif. Cette alliance a marqué le point de départ du nouveau progrès des sociétés humaines.

La *colonisation des capitaux* s'est rapidement développée avec la fréquence des rapports et la facilité des communications ; elle a conduit l'Angleterre à faire surgir, en quelque sorte, une terre d'alluvion de plus en plus riche, dont les produits volontaires ont remplacé des tributs extorqués. L'échange des instruments destinés à vaincre la résistance de la nature rebelle, contre une partie des avantages créés, a profité à la fois à ceux qui se trouvaient affranchis des plus rudes privations et à ceux qui obtenaient une part de la richesse accrue, sans qu'il y eût détriment pour personne.

Telle est la signification véritable de la pratique commerciale dont l'Angleterre a ouvert la voie, et dans laquelle la France est entrée à son tour pendant ce dernier quart du siècle. Les résultats du travail annuel qui excédaient la satisfaction des besoins immédiats, furent employés en partie à l'intérieur, pour développer de plus en plus la production du pays, et en partie utilisés au dehors, pour fournir à des contrées plus arriérées la possibilité de s'élever à leur tour. De proche en proche, sous des formes variées, les capitaux de l'Angleterre et ceux de la France ont servi, comme jadis ceux de la Hollande, à fournir des avances soit à d'autres États qui ont contracté des emprunts publics, soit à des compagnies qui ont entrepris des créations utiles, soit à des particuliers qui ont obtenu ainsi des ressources profitables.

On évalue à des milliards le revenu annuel que l'Angleterre retire de nombreux placements faits au dehors. Sans s'élever aussi haut, les bénéfices recueillis par la même politique financière se sont traduits pour la France, avant la guerre de 1870, par des centaines de millions. Naturellement ces placements, auxquels se mêle toujours un risque accru, étaient aussi la source d'une perception plus élevée d'arrérages et d'intérêts.

Le profit provenant de cette origine nous a préparé de puissants éléments de libération, quand la fortune contraire nous a imposé de lourdes charges. En effet, les placements étrangers ont fourni la matière d'une large compensation, et leur transformation en souscription nationale de l'emprunt a permis d'obtenir la matière indispensable du change, au moyen d'un vaste arbitrage. Contraints à emprunter des fonds à un taux élevé, nous avons diminué de beaucoup l'écart qui séparait le revenu des valeurs étrangères du revenu des valeurs françaises, surtout quand on tient compte de la différence du risque couru. Par le cours naturel des choses, les réserves du passé, accumulées en valeurs étrangères, ont pu être employées à couvrir les exigences cruelles du présent. Nous avons en grande partie payé l'Allemagne avec notre avoir du dehors, et la majeure portion de la nouvelle dette inscrite sur notre Grand-Livre a déjà pu faire retour entre des mains françaises.

Il est vrai que nous cessons de toucher le profit annuel qui nous était fourni par l'étranger. L'Allemagne nous a succédé sous ce rapport; mais notre production intérieure a échappé au grave danger de se trouver amoindrie, car nos instruments de travail n'ont pas été ébréchés, et l'esprit de labeur et d'économie qui distingue la France continue ses conquêtes pacifiques.

Nous avons pu payer, c'est l'essentiel; M. Wagner n'a pas besoin de nous rappeler à quel prix. Le rapport de Léon Say le dit; il contient des recherches curieuses sur la nature et sur la masse des placements étrangers dont nous avons dû nous dépouiller, et il n'oublie pas de tenir compte de l'aggravation des impôts, rendue inévitable par le service d'une dette nouvelle de plus de 8 milliards. M. Wagner a trop noirci le tableau en ce qui concerne cette charge, tout aussi bien qu'il avait exagéré les mauvais effets du *cours forcé*, restreint dans les limites tracées par la prudence.

Le savant professeur de Berlin a tort de faire entrer largement en ligne de compte le mécontentement et le trouble que doit amener la perception des impôts nouveaux. Sans doute ils sont lourds et grèvent l'industrie, mais on s'y résigne, et jamais il n'y eut moins de grèves, de coalitions, de funestes discussions sur le terrain du travail. Nos agriculteurs et nos fabricants ont compris les devoirs sévères que leur imposait le dévouement au pays, et nos ouvriers ont fait le sacrifice de certaines prétentions et de beaucoup de préjugés en obéissant au même sentiment de patriotisme.

Les causes de notre ancienne prospérité, quoique entravées par les charges nouvelles, doivent tendre aux mêmes résultats productifs; mais la destination des réserves acquises depuis quelques années a reçu une destination différente.

Nous venons de dire comment la réalisation d'une portion des placements étrangers avait aidé à la souscription des derniers emprunts et au payement de la contribution de guerre. Il faut y ajouter un autre élément. L'accroissement considérable de la richesse de la France depuis un quart de siècle était dû au travail, à l'échange et à l'épargne; chaque année des centaines de millions, ainsi obtenus, se dirigeaient vers les placements du dehors. Le mouvement a sans doute été ralenti, il a subi une certaine restriction, mais il ne s'est pas arrêté : l'épargne continue à remplir son rôle, seulement la destination qui lui est donnée a changé de direction. Les ressources nouvelles ont été, dans une bien plus forte proportion, employées à l'intérieur. Il y a eu un certain temps d'arrêt pour le déplacement des capitaux destinés à se répandre chez les peuples moins avancés et à y féconder le travail. Nos emprunts ont absorbé sous une triple forme une partie des réserves qu'attiraient les autres pays ; aux valeurs réalisées se sont ajoutées celles qui provenaient du produit des placements maintenus, ainsi que les sommes qui auraient sans cela participé à des placements nouveaux de même nature. L'œuvre de la libération a fonctionné, pour ainsi dire, en partie double; elle a recueilli le legs du passé, et elle a détourné de leur emploi habituel des sommes, qui sans cela auraient continué à se placer au dehors. Trois années ont été consacrées à la transformation des réserves qui se sont portées sur la rente française.

Il a fallu que ces ressources fussent considérables, pour amener la souscription ou le rachat au compte français de 5 milliards et demi d'emprunt, qui, en vertu d'une loi économique, de nouveau consacrée par cette vaste expérience, ont successivement fait retour vers le pays d'origine.

III

Ce n'est pas le seul côté instructif de notre récente histoire financière. On a pu, en même temps, résoudre le problème qui présentait le plus d'inconnu, celui de la transmission soudaine d'un pays à un autre, d'un immense capital dont notre créancier exigeait la représentation métallique.

M. Wagner signale, comme particulièrement digne d'intérêt, l'étude des moyens à l'aide desquels de pareilles sommes ont pu être réunies, et, s'il est permis d'employer cette expression, *transvasées* en Allemagne.

Le rapport de M. Léon Say expose à merveille le mode d'application sur une immense échelle, de la *politique financière*, qui a surmonté cette redoutable difficulté, sans causer de perturbation profonde, sans amener le cataclysme métallique que l'on pouvait redouter.

Pour nous rendre compte de la grandeur de l'œuvre, commençons par résumer les faits et les chiffres, en nous appuyant sur le travail de M. Léon Say.

Le double problème posé, également redoutable sous les deux faces, consistait à trouver *de quoi* payer une contribution colossale, et à savoir *comment* on parviendrait, les ressources une fois réunies, à se libérer sans compromettre l'équilibre universel de la circulation, comment on s'y prendrait pour transporter cette masse énorme sans briser le mécanisme financier du monde.

Rappelons notre douloureuse histoire.

Les préliminaires de la paix entre la France et l'Allemagne ont été signés à Versailles le 26 février 1871. L'article premier nous frappait d'une contribution de guerre de 5 milliards de francs, dont le premier milliard devait être soldé en 1871, et les quatre autres dans l'espace de trois années.

La convention de Ferrières, passée le 11 mars 1871, complète cette stipulation financière, en fixant (art. 15) la valeur du thaler à 3 fr. 75, et celle du florin allemand à 2 fr. 15.

Enfin, le traité définitif de Francfort (10 mai 1871) précise les époques et les formes du payement.

Nous devions faire un payement de 500 millions trente jours après le rétablissement de l'ordre dans Paris, car, aux calamités de l'invasion s'ajoutaient les horreurs de l'insurrection. Ce malheureux pays, victime de l'étranger, était réduit à combattre ses propres enfants !

Dans le courant de l'année 1871, il nous fallait solder 1 milliard de plus, 500 millions au 12 mai 1872, et les 3 derniers milliards devaient être acquittés le 2 mars 1874. Les intérêts à 5 0/0 s'ajoutaient au capital dû, le 3 mars de chaque année; nous avions stipulé la faculté d'anticiper les versements en prévenant trois mois d'avance.

Cette faculté n'avait pas été contestée, bien qu'il s'y rattachât une question de premier ordre, celle de l'évacuation successive et définitive de notre territoire. C'est qu'on ne supposait pas que les payements pussent être fidèlement accomplis aux termes prévus. L'ouvrage de M. Wagner fait bien comprendre quelles étaient à cet égard les prévisions du vainqueur, et les craintes existaient aussi bien chez nous que les espérances à l'étranger; l'imagination s'arrêtait effrayée devant l'énormité de l'obligation imposée à la France. — Cependant tout a été payé, même avant l'échéance, et l'évacuation complète du territoire s'est trouvée accélérée de près d'une année. Grand service, qu'on ne saurait trop rappeler, rendu par l'homme d'État illustre, chef de l'administration dont les mesures habilement prises ont hâté notre libération.

Notre payement total s'est élevé, y compris les intérêts, à 5,315,755,853 francs. Les comptes publiés en Allemagne le portent à 1,484,551,274 thalers, qui représentent sur le pied de 3 fr. 75 par thaler, un total de plus de 5 milliards 567 millions de francs; il dépasse d'environ 252 millions la somme soldée par le Trésor français, c'est qu'il faut augmenter celle-ci des 200 millions de la contribution frappée sur Paris et des contributions payées par d'autres villes.

Le chiffre d'ensemble se trouve d'accord; il témoigne de l'exactitude des calculs :

L'Allemagne a reçu, en billets de la Banque de France.	125.000.000
Nous lui avons cédé la propriété des chemins de fer de l'Est pour..................................	325.000.000
Total...........	450.000.000

Restait donc à solder en numéraire ou en valeurs allemandes plus de 4 milliards 850 millions. Le mode de payement prescrit par le traité admettait seulement les billets de la Banque d'Angleterre, les billets de la Banque de Prusse; les billets de la Banque royale des Pays-Bas, les billets de la Banque nationale de Belgique et les billets à ordre ou les lettres de change négociables de premier ordre, valeur à vue, sur ces mêmes pays.

Le cours du thaler était fixé à 3 fr. 75, et celui du florin à 2 fr. 15. Le change n'était pas déterminé pour les autres valeurs, celles-ci n'ayant pas en Allemagne le caractère libératoire de la monnaie légale. Elles étaient reçues en payement, sauf à ne figurer au compte que pour le produit net de leur négociation en thalers ou florins, faite par le Gouvernement allemand, sous la déduction des frais de recouvrement. Les conseils financiers du prince de Bismark n'avaient négligé aucune précaution, c'est une justice à leur rendre.

Pour faire face à nos engagements, nous avons émis un premier emprunt de 2 milliards, dont les opérations, commencées le 1er juin 1871, ont été terminées le 6 mars 1872, et ont permis de couvrir les premières périodes de payement s'élevant, en capital et intérêts, à près de 2 milliards 162 millions de francs. En faisant la compensation de 325 millions pour la valeur assignée aux chemins de fer de l'Est, nous avons versé 1,836,860,367 francs, en :

Billets de la Banque de France	125.000.000 fr.	»
Or français	109.001.504	85
Argent français	63.016.695	»
Numéraire et billets de banque allemands	62.554.115	93
Thalers	312.650.509	01
Florins de Francfort	25.816.752	37
Marcs banco de Hambourg	116.575.592	13
Florins de Hollande	250.540.821	46
Francs de Belgique	147.004.546	40
Livres sterling	624.699.832	28
Total	1.836.860.367 fr.	43

On avait dû faire appel aux réserves de tous les grands Etats financiers et aux ressources des principales places de commerce.

L'opération de payement de 3 milliards, commencée le 29 août 1872, a été close le 5 septembre 1873. Elle a compris, en capital et intérêts, un total de 3,153,800,085 fr. 86 cent., et se décompose comme il suit :

Or français	164.001.555 fr.	25
Argent français	176.275.180	75
Numéraire et billets de banque allemands	42.485.029	28
Thalers	2.172.663.212	03
Florins de Francfort	209.311.400	42
Marcs banco	148.641.398	27
Marks de l'empire allemand	79.072.309	89
Francs belges	148.700.000	»
Livres sterling	12.650.000	»
Ensemble	3.153.800.085 fr.	86

Nous dirons tout à l'heure comment notre gouvernement est parvenu à réaliser une économie notable, en procédant lui-même à la transformation des valeurs des divers pays en titres allemands, au lieu d'abandonner le soin de cette opération à notre créancier.

Comment nous sommes-nous procuré les ressources nécessaires? Par des emprunts, en nous grevant pour un long avenir de la charge des arrérages. Ici M. Wagner a pleinement raison : nous avons payé l'Allemagne, mais nous continuons à devoir à d'autres créanciers; notre dette s'est transformée, au grand avantage du pays, mais elle n'est point éteinte. Seulement, nous croyons que si le fardeau reste lourd, nous pourrons y suffire.

La fidélité avec laquelle nous avons accompli tous nos engagements a fortifié le crédit de la France, malgré les désastres subis et les pertes supportées. Or, cette confiance en notre exactitude à payer ce que nous devons, nous a ouvert une singulière latitude de concours financier; le grand Richelieu l'a dit à une époque à laquelle presque personne ne soupçonnait la puissance actuelle du crédit : *la confiance est le fonds qui en procure toujours*, et nous n'avons rien négligé pour que cette confiance fût justement méritée. — Notre pays s'est plié aux plus pénibles sacrifices, non-seulement pour faire face à tous ses engagements, mais encore pour en préparer l'extinction future. Les ressources du budget des recettes ont été calculées de manière à couvrir les dépenses actuelles, et de plus encore de manière à préparer la diminution successive des charges léguées par le passé. S'il y a eu quelque faute commise, elle est venue de la trop grande hâte d'effacer ce triste legs de nos malheurs, et l'on serait tenté de dire : *felix culpa*.

L'emprunt de 2 milliards a procuré un versement de 2 milliards 225,994,000 francs; l'emprunt de 3 milliards a été encore plus productif, il a donné au Trésor 3,498,744,000 francs. Au total, le crédit de la France lui a fourni plus de 5 milliards 724 millions de francs. — Nous n'avons pas de quoi en tirer vanité, car c'est autant d'obligations auxquelles le pays doit faire face, autant de charges permanentes que l'accroissement de l'impôt doit couvrir. Mais il est permis d'ajouter que c'est là une indication éloquente des sacrifices auxquels la France s'est résignée, en comptant pour les balancer sur les résultats d'un travail assidu et d'une épargne résignée.

Ce qui mérite une attention particulière, c'est le parallélisme exact entre les versements des emprunts et les ressources consacrées à notre libération. Les fonds destinés au payement de la contribution de guerre y ont été régulièrement affectés; ils ont été employés aussi rapidement que possible à la libération de la dette, qui devait amener la libération du territoire.

Ainsi, nous avons payé ce que nous devions avec le produit des emprunts; nous avons chargé l'avenir de solder les sommes nécessaires pour affranchir immédiatement le sol et pour faire honneur à la parole de la France. M. Wagner se trompe quand il suppose qu'une illusion trop optimiste nous fait oublier le fardeau du lendemain, alors que nous avons écarté le fardeau du jour; la France ne s'est pas rendue coupable d'une pareille imprévoyance. Quand elle a vu presque doubler une dette publique qui au commencement de 1870 n'atteignait pas 12 milliards, quand elle a déjà voté pour faire face aux charges nouvelles 700 millions d'impôts, elle n'est pas disposée à méconnaître le triste enseignement du passé. Elle sait ce qui l'attend, elle connaît la charge des budgets à venir, qui porteront longtemps la peine de nos fautes, et elle n'a garde de s'aveugler au point d'oublier la responsabilité de ceux qui les ont commises. Elle n'a reculé devant aucun sacrifice pour affranchir le territoire; elle ne reculera devant aucun sacrifice pour payer ce qu'elle doit, mais elle n'ignore pas qu'elle reste débitrice de toutes les pertes subies. Elle comprend mieux la situation véritable que ne l'imagine M. Wagner, et elle supporte patiemment le poids inévitable de l'impôt exhaussé.

IV

Ce n'était pas tout que de réunir les sommes destinées à solder la contribution de guerre, il fallait encore remettre au vainqueur la représentation exacte, en valeurs au comptant, de cette masse énorme ; ce n'était pas la partie la moins délicate de la tâche, nous le montrerons tout à l'heure. On pouvait, en grevant l'avenir, grâce à un développement du crédit dont l'événement a pu seul mesurer la prodigieuse élasticité, se procurer les ressources indispensables, non-seulement pour couvrir la dette contractée vis-à-vis de l'étranger, mais encore pour faire face aux autres résultats des désastres subis, qui doublaient presque le poids de la contribution de guerre. On s'est résigné, pour cela, à créer 700 millions d'impôts nouveaux, on a consacré à libérer la France les bénéfices employés jusque-là à augmenter sa richesse et sa puissance.

Mais que serions-nous devenus si nous n'avions pas réuni des réserves considérables, ni nous n'avions pu faire dériver vers une triste mais désormais inévitable destination, la nouvelle affluence de biens provenant de la même source, si nous n'avions pas rencontré, pour l'utiliser, la puissance actuelle du crédit dans la société moderne, enfin si le mécanisme perfectionné et accru de la circulation ne nous avait point permis d'user de tous les moyens nouveaux, pour transformer en valeurs liquides et libératoires au dehors, la lourde masse de nos engagements, sans causer le trouble profond qu'on pouvait craindre pour la situation monétaire de tout le monde commercial? Ce sont ces éléments réunis qui ont permis de surmonter des difficultés en apparence insurmontables et de répartir sur nombre d'années un fardeau sous lequel la France menaçait de plier.

Nous ne sommes point disposés à oublier, comme M. Wagner nous en accuse, ni les placements perdus au dehors, ni les revenus qui, maintenant, sont touchés en Allemagne au lieu de l'être chez nous, ni la gêne causée par les impositions. *On ne s'en est pas encore assez ressenti*, dit-il; nous pouvons calmer cette appréhension. La France a beaucoup souffert et elle souffre encore, mais si elle peut rencontrer une consolation, c'est dans la pensée qu'elle a rempli, coûte que coûte, tous ses engagements, et qu'elle travaille à combler la brèche faite à la richesse nationale. Elle ne mérite ni le reproche du découragement, ni celui de la forfanterie.

Le mal ne s'est pas encore révélé dans toute son étendue, ajoute M. Wagner; nous ne négligerons rien pour éviter qu'il ne s'aggrave, et nous espérons y réussir, sans que notre pays se trouve exposé à des excitations mauvaises ni à des troubles funestes.

Nous n'avons pas eu recours à la séduction périlleuse d'un papier-monnaie destiné au payement de nos dettes. M. Wagner s'est mépris sur la nature des émissions faites par la Banque de France; elles n'ont pas servi à une prétendue libération, basée sur une fiction; nous avons payé en consentant une *hypothèque* sur nos revenus, et non avec une hypothèse. Nous avons profité de la puissance du crédit, parce que nous en avons conservé la base solide, au lieu d'improviser des ressources chimériques.

Quand on se rend bien compte des besoins de la circulation, accrus à une époque qui multiplie les opérations du comptant, et quand on songe au mouvement suscité par les versements d'immenses emprunts, et par les transformations du change, on ne s'étonne plus d'un surcroît de quelques centaines de millions de billets au delà des limites normales.

D'ailleurs, l'expérience accomplie a complété les enseignements de la théorie; tout le monde a pu beaucoup apprendre, et nous n'hésitons pas à le reconnaître, on ne se faisait pas une idée suffisante de l'extension possible de la circulation, alors qu'elle correspond à un besoin sérieux, et qu'elle repose sur une confiance méritée par la prudence d'allure et par la volonté de ne point troubler le cours naturel des transactions.

L'extension de la circulation des billets de la Banque n'avait pas attendu le cours forcé pour atteindre un chiffre considérable. Celui-ci était de 1,485 millions au commencement de 1870, en présence d'un encaisse de 1,203 millions de francs; le billet circulait alors comme un véritable warrant métallique; il n'y en avait que 252 millions qui ne fussent point couverts par du numéraire.

Quand le *cours forcé* eut été décrété au mois d'août 1870, le maximum de l'émission fut fixé à 2,400 millions. Ce chiffre a été porté à 2,800 millions par la loi du 29 décembre 1871, et enfin à 3,200 millions par la loi du 15 juillet 1872.

Mais à mesure que le billet est devenu l'élément principal et presque exclusif des échanges à l'intérieur, la circulation s'est de plus en plus emparée des moyennes et basses coupures. En janvier 1870, il y avait pour 397,648,200 fr. de billets de 100 francs, et pour 42,911,750 fr. de billets de 50 fr., en somme 440 millions de coupure de 100 fr. et de 50 fr. Les coupures inférieures n'existaient pas. Quand le maximum, qui n'a été atteint que pour très-peu de temps, s'est élevé le 31 octobre 1873 à 3,071,912,300 francs, plus de deux tiers de cette somme colossale étaient représentés par des billets de 100 fr. et au-dessous.

Au 29 janvier 1874, la circulation des billets était descendue à 2,832,869,828 fr. et sur ce total les billets supérieurs à 100 fr. ne montaient qu'à 922 millions, tandis qu'il y avait pour

884.484.800	francs en billets	de	100 francs.
274.656.300	francs	—	de 50 francs.
28.588.725	francs	—	de 25 francs.
628.464.600	francs	—	de 20 francs.
93.622.600	francs	—	de 5 francs.

c'est-à-dire pour plus de 1,900 millions de coupures moyennes et basses, celles au-dessous de 50 francs s'élevant à 750 millions de francs. Leur émission, explique la différence du total, fixé en dernier lieu, avec le total antérieur de l'émission fiduciaire, en tenant aussi compte de l'augmentation des échanges. Le dernier compte-rendu de la Banque (10 décembre 1874) donne en regard d'une encaisse métallique de plus de 1,317 millions, une circulation des billets de 2,547 millions; l'écart est donc réduit à 1,230 millions, il est inférieur à la seule circulation du billet de 100 fr. et au-dessous, qui se maintiennent parfaitement.

Ce rapprochement de chiffres, permet de juger l'extension temporaire du cours forcé ; il explique aussi le peu de trouble que celui-ci a causé dans la situation du marché. L'extension des affaires et l'acclimatation des petites coupures ont empêché le cours du change de s'élever, et la circulation des billets a pu se comporter comme l'aurait fait une circulation métallique; il y a là de quoi calmer les appréhensions de M. Wagner, et de quoi répondre à la sollicitude de M. Soëtbeer. L'élévation du chiffre de l'émission n'a fait que traduire des besoins réels, sans fournir à la contribution de guerre, un élément factice qui n'aurait pas manqué de faire retour sur notre marché et de le troubler.

Le gouvernement a eu la bonne chance de rencontrer l'appui dévoué d'une institution solide, connue par la sagesse et même par la rigueur des principes pratiqués et présentant une ample surface de garantie pour les billets émis. Il a recueilli le fruit de la prévoyance financière qui lui avait fait repousser les illusions d'une prétendue liberté d'émission, qu'on essayait de confondre avec la liberté des banques. Celle-ci ne tient point à là faculté de créer de véritables instruments monétaires, qui rentrent, comme l'administration de la justice et la fixation des poids et mesures, dans les attributions de l'État.

L'unité de la circulation a grandement contribué à maintenir au billet de la Banque de France la confiance qu'il inspire ; M. Wagner n'a pas suffisamment apprécié cette force, et il a exagéré le péril de la reprise des payements en espèces. Nous ne saurions trop le répéter ; il ne faut pas se régler uniquement par des souvenirs, il importe de mesurer la dimension nouvelle de la circulation, au mouvement des circonstances qui reflètent le développement immense de la production et de l'échange, et qui se traduisent par l'accumulation nécessaire des métaux précieux, aussi bien que par les procédés ingénieux du crédit et des virements, à peine suffisants pour accomplir l'œuvre accrue des transactions actuelles.

Nous avons usé largement, mais nous n'avons pas, comme M. Wagner l'imagine, abusé du billet; nous avons su résister à des facilités trompeuses, en nous guidant sans cesse sur le régulateur infaillible du *change*. Celui-ci traduit toujours d'une manière fidèle la véritable situation du marché monétaire, et ses variations dénoncent instantanément les fautes commises. Les renseignements fournis par ce moniteur inflexible n'ont pas cessé de dominer chez nous les transactions du Trésor et la Banque de France; armés de cette boussole nous avons évité le naufrage.

C'est ainsi que nous avons pu élever successivement le chiffre de l'émission, afin de pourvoir surtout aux besoins temporaires créés par la grande opération de l'emprunt. Les avances faites au Trésor par la Banque ont eu ce caractère ; elles n'entraînaient pas le péril d'un appel fait au papier-monnaie d'une manière permanente et pour des sommes trop considérables.

S'il existe un danger aujourd'hui, c'est qu'on ne se méprenne sur la portée des événements accomplis, en ce qui concerne le billet de banque. Nous avons réussi, grâce à une circonspecte prévoyance, à faire monter l'émission jusqu'au chiffre d'environ 3 milliards, mais nous n'avons pu le faire qu'au milieu de circonstances qui ne sauraient se représenter avec les mêmes proportions. Ce qui nous paraît plus à redouter que la reprise des payements en espèces, qui s'accomplira sans les embarras prévus par M. Wagner, c'est l'illusion suscitée par une circulation énorme, appliquée sans inconvénient sensible, parce qu'elle a profité de conditions tout à fait exceptionnelles. On risquerait de s'abuser beaucoup sur les ressources du papier-monnaie, si l'on ne tenait point grand compte des circonstances particulières qui ont empêché cette masse de s'effondrer.

Le cours du change mesure, en temps normal, le *titre métallique* de la monnaie fiduciaire (1); il est encore plus essentiel de le consulter à l'époque du *cours forcé*, car seul il témoigne de la modération ou de la surabondance de l'émission. En ce moment la permanence d'un cours de change favorable, atteste la réalité des affaires auxquelles les billets servent de véhicule, et prouve qu'ils ne pèsent point sur le marché par leur surabondance. L'encaisse se fortifie, plus de moitié des billets sont gagés par le métal, nous pouvons envisager sans crainte le retour au payement en espèces.

V

Le cours du change a été le guide assuré de nos opérations financières, et l'habileté avec laquelle la trésorerie a su pratiquer, sur le marché universel, les négociations destinées à réaliser nos payements en Allemagne, fournit à l'étude des faits économiques une des plus curieuses pages. Il fallait non-seulement réunir les capitaux indispensables au payement de la contribution, mais les transporter en Allemagne. M. Dutilleul, directeur général du mouvement des fonds, auquel revient en grande partie l'honneur de l'exécution, a su faire les approvisionnements du change, les manier, les renouveler et les adapter aux besoins, de manière à maintenir des cours relativement favorables; là où l'on craignait de se heurter aux plus grandes difficultés, il a su économiser sur la transmission de ces immenses valeurs, dont le poids menaçait d'emporter, à notre grave détriment, le plateau de la balance monétaire.

Pour résumer l'ensemble des remises faites à l'Allemagne, nous avons livré :

En billets de la Banque de France..............	125.000.000 fr.	»
En or français..................................	273.003.058	10
En argent français.............................	239.291.875	75

(1) V. à ce sujet notre livre : *le change et la circulation.*

En numéraire et billets de banque allemands.....	105.039.145	18
En thalers....................................	2.185.313.721	04
En florins de Francfort.........................	235.128.152	79
En marcs banco de Hambourg....................	265.260.990	29
En marks de l'Empire..........................	72.072.309	62
En florins de Hollande.........................	250.540.821	46
En francs de Belgique..........................	295.704.546	40
En livres sterling.............................	637.349.832	28
Total..........	4.990.660.453 fr.	29

Ces chiffres contiennent de précieux enseignements. Ils montrent que, pour accomplir notre payement, nous avons employé une compensation de 325 millions, des billets de banque, des monnaies allemandes, de l'or et de l'argent pour 742 millions; enfin plus de 4 milliards 248 millions de lettres de change.

La compensation de 325 millions des chemins de l'Est a chargé notre grand-livre d'une inscription en titre inaliénable de 20 millions 500,000 francs, remise à la Compagnie.

Dans le payement en billets et en numéraire, sont entrés 125 millions de billets de la Banque de France, 105 millions de billets allemands et de monnaies allemandes, 273 millons de monnaies françaises d'or, et 239 millions de monnaies françaises d'argent. — Les monnaies allemandes avaient été introduites en France pendant l'invasion.

Le numeraire français a été remis directement par nous à l'Allemagne pour 512 millions à peu près moitié en or, moitié en argent. La Banque de France a fourni 150 millions en or, en vertu d'une convention supplémentaire signée en mai 1873, qui lui a fait consentir cette nouvelle avance au Trésor, réalisée en or. De cette manière, nous avons pu accélérer la libération sans accroître de pareille somme la masse des billets émis et sans peser sur le change.

Tout en constatant ce que cette mesure avait de rationnel et d'utile, mentionnons en passant la vérité considérable qu'elle met en lumière. Loin d'être menacée de suspendre ses opérations habituelles dans le trimestre final de 1873, comme l'a prétendu M. Magne lors de la discussion que nous avons eue avec lui au mois de juillet dernier, et d'avoir été sauvée par les remboursements précipités du Trésor, c'est la Banque qui a donné alors une preuve manifeste de sa force; au lieu de recourir à l'assistance de l'État, c'est la Banque qui a fourni au Gouvernement un complément de ressources.

M. Wagner attribue à tort notre libération à une extension

exubérante de billets à cours forcé, qui menacerait aujourd'hui la sécurité de la circulation. Nous avons payé avec les ressources effectives de l'emprunt, nous n'avons pas compromis le marché par l'abus du papier-monnaie. Nous avons préféré la lourde charge d'une dette aux facilités trompeuses d'une libération fictive, et nous en sommes récompensés par la solidité de notre *medium* des échanges.

Cette solidité vient de ce que nous n'avons diminué que temporairement et dans une faible proportion notre réserve métallique, qui se trouve déjà presque entièrement reconstituée.

La proportion pour laquelle nous avons soldé l'Allemagne en or et en argent est faible par rapport à l'ensemble; elle est moindre que celle dont l'Allemagne a pu profiter pour accomplir la transformation monétaire, le passage de ce qu'on appelle l'*étalon d'argent* à l'*étalon d'or*.

Sans les ressources fournies par la contribution de guerre, cette révolution métallique eût été impossible à réaliser, et l'on sait qu'elle n'avance pas rapidement malgré l'aide qu'elle a reçue par le succès des armes.

Il ne s'agit pas seulement d'apprécier les difficultés de l'approvisionnement de l'Allemagne en or, il faut aussi ne pas laisser de côté l'ébranlement du marché universel, produit par une demande extraordinaire du métal préféré.

Les graves embarras du marché de Londres, qui ont eu leur contre-coup dans le monde entier, ont été amenés par le retrait de quelques centaines de millions d'or de la part de l'Allemagne. Si ces demandes s'étaient encore multipliées, et si la prudence la plus vulgaire n'avait pas commandé de les restreindre, nous aurions tous encouru une bourrasque financière sans précédent, bourrasque due entièrement aux imprudents promoteurs d'une prétendue unité métallique universelle.

Les livraisons d'or français ont quelque peu amorti la violence de la transition. Elles n'ont cependant formé qu'une partie de la masse, soumise à la refonte dans les hôtels de monnaie de l'Allemagne.

Ceux qui, préoccupés d'une idée exclusive, ont poussé à l'unité de ce qu'on appelle l'*étalon d'or*, en méconnaissant l'influence dominante de la masse des réserves en métal précieux, or ou argent, et l'action inexorable d'une *loi de proportion* entre les deux agents nécessaires de la circulation, n'ont point à se réjouir du spectacle que présente l'Allemagne. On a voulu y faire violence à la nature des choses, et malgré le concours inespéré de la victoire, qui devait provoquer une pluie d'or, la situation ne présente rien de satisfaisant. Nous y reviendrons.

La France a eu, au contraire, à se féliciter d'avoir maintenu le double élément de payement légal, dont elle a pu faire usage pour diminuer la charge du payement fait à l'Allemagne. Ce n'est pas seulement le double emploi du numéraire d'or et du numéraire d'argent, dont elle a su profiter. La facilité la plus grande lui est venue de l'achat des valeurs stipulées *en argent*, et qui ont accompli presque toute l'œuvre de la libération. Ce sont les lettres de change, payables en argent, qui ont couvert plus des quatre cinquièmes de la contribution de guerre; l'on s'arrête effrayé devant la perspective du péril que nous aurions couru, si nous avions accepté, avant la guerre, l'*or* comme seul instrument libératoire. Le maintien de la double monnaie légale nous a préservé d'un grave danger.

L'Allemagne, enivrée du succès de la guerre, et croyant que tout lui serait facile désormais, a voulu frapper un grand coup, en transformant la circulation métallique de manière à ne plus admettre comme libératoire que la monnaie d'or. Trois ans se sont écoulés depuis cette décision, on est loin encore d'en avoir accompli l'exécution. Aujourd'hui même, pour empêcher que les nouvelles monnaies d'or ne partent à mesure qu'on les met en circulation, on est forcé de serrer l'écrou de l'escompte, et d'élever le taux de l'intérêt.

Cependant, les relevés des comptes produits en Allemagne ont signalé une affluence d'or français, beaucoup plus forte que celle qui résulte des remises directes faites par la France. Nous y voyons figurer 518,590,410 fr. en pièces d'or français, plus 287 millions de francs au poids, ce qui fait au-delà de 800 millions, auxquels on doit ajouter 42 millions d'or français acheté au poids en Angleterre, au total environ 850 millions de francs.

C'est qu'il circulait de tout temps à l'étranger une masse considérable de notre monnaie d'or; partout la pièce de 20 francs était accueillie avec avantage; ceux qui chez nous poussaient à l'adoption d'un seul type universel avaient méconnu cette situation. Par la marche naturelle des choses, ce type existait, il se trouvait admis par tout le continent; la France possédait l'avantage d'une monnaie générale, elle n'avait pas besoin de consentir des sacrifices et de courir des périls pour la créer.

Les hôtels de monnaie en Allemagne ont recueilli les pièces d'or qui y circulaient; mais en y ajoutant ce que nous avons fourni, cela ne suffisait pas pour frapper plus d'un milliard de marks d'or (un milliard deux cent soixante millions de francs) déjà fabriqués au 11 décembre 1873, et accrus depuis cette époque.

Il fallait non-seulement acheter en Angleterre l'or français qui y avait reflué, mais encore tirer sur la réserve de la Banque de Londres, ce qui ne pouvait manquer de causer une grave perturbation. Heureusement on s'est arrêté dans ces exigences, mais c'est déjà un fait fort grave que de voir le marché anglais à la merci des exigences du gouvernement de l'Empire, par suite des besoins de la circulation nouvelle.

Il est une loi supérieure à laquelle n'échappe même pas la puissance de M. le prince de Bismark. A mesure que l'or afflue dans un pays, par suite d'une pression violente, on ne peut l'empêcher aussi de partir, car il baisse sur un marché encombré, et l'élévation du prix l'attire ailleurs; l'équilibre du marché universel tend toujours à se rétablir.

L'Allemagne n'est pas au bout de ses embarras de ce côté; la prétendue toute-puissance de la force s'efface devant la puissance bien autrement efficace de la nature des choses. L'Empire a voulu imposer la monnaie d'or unique, comme instrument légal de libération; il n'arrive à l'introduire qu'avec peine, au milieu même de circonstances qui l'ont favorisé d'une manière inespérée.

Les chiffres de M. Wagner, en ce qui concerne la fabrication des *marks d'or*, concordent avec ceux qu'a relevés M. Léon Say, et le savant Allemand ne méconnaît pas les facilités dont l'emploi de la *double monnaie* d'or et d'argent a gratifié la France

Beaucoup de ceux qui ont traité la question monétaire se sont trop confinés dans l'abstraction; ils ont sacrifié à la simplicité apparente d'une solution théorique une appréciation plus exacte des besoins de la circulation métallique. Ils ont trop oublié que *le prix* des choses résulte d'une proportion entre la masse des métaux existants et la somme sans cesse accrue des transactions. L'or et l'argent réunis ont peine à suffire à l'office qu'on leur demande : supprimer d'un trait de plume l'un des deux instruments de l'échange, ce serait accroître énormément la demande de l'autre, et l'on a pu voir de quelles précautions il a fallu entourer, au milieu des conditions les plus favorables, la transformation qu'on prétend accomplir en Allemagne. C'est là un avertissement dont on doit profiter pour l'avenir, alors surtout que les États condamnés aujourd'hui au cours forcé des billets n'aspirent qu'à sortir de cette position précaire et auront prochainement besoin d'une grande quantité de métaux précieux.

Le secours qu'on espérerait trouver dans une circulation qui ne repose pas sur une réserve métallique correspondante, n'est que fort restreint, on ne saurait en disconvenir, même quand on reconnaît que la marge s'est élargie de ce côté.

Les *billets d'Etat*, employés dans diverses contrées, ne peuvent dépasser une fraction relativement faible du mouvement budgétaire, sans entrainer de tristes conséquences pour l'ensemble de la circulation. L'Allemagne nous présente, sous ce rapport comme sous beaucoup d'autres, la matière d'une étude profitable. Aujourd'hui elle travaille à restreindre, au lieu de l'étendre, la partie fictive de ses instruments d'échange. Le désir de diminuer la masse des valeurs fiduciaires a été pour beaucoup dans la résolution prise de ne plus admettre à l'avenir que la monnaie d'or, car celle-ci permet de supprimer les billets de banque de petite coupure, dont la lourdeur des pièces d'argent multipliait l'emploi. Le projet qui va interdire dans l'empire l'émission de billets de banque d'une valeur inférieure à 100 *marks* (125 fr.), correspond aux facilités offertes par les pièces d'or.

Un pays qui a reçu plus de 5 milliards en payement, peut se permettre la tentative de la transformation radicale de la circulation, mais cette tentative aurait inévitablement échoué sans l'apui que lui prête la contribution de guerre.

M. Wagner constate que l'importation des espèces a été beaucoup moins considérable que ne l'imagine l'erreur vulgairement répandue, au sujet d'un chimérique versement de 5 milliards fait en numéraire par la France à l'Allemagne.

Une forte portion du métal employé au frappage des *marks* d'or a été soit achetée en Angleterre, soit recueillie sur le marché allemand, où il s'en trouvait une grande quantité. Ce dernier fait ne permet pas d'admettre le chiffre auquel M. Léon Say porte l'exportation supposée de l'or, commandée chez nous par le payement de la contribution de guerre; en déduisant du versement total celui qui a été effectué en argent, on arrive à peine à 400 millions en pièces de 20 francs.

C'est en lettres de change sur l'Allemagne et sur l'Angleterre que la plus forte part de la contribution a été couverte, et le marché anglais a plus que le marché français souffert du retrait de l'or. Quant au cours des billets à cours forcé, émis par la Banque de France, il n'a été que faiblement affecté, et cela pendant un espace de temps peu prolongé. Nous ne saurions trop le répéter, M. Wagner attribue à tort à une énorme émission de la Banque les ressources qui ont permis à la France de se libérer. Nous aurons occasion de montrer que les versements en billets ont été singulièrement limités, par rapport à la masse du payement à faire.

C'est à l'intelligent emploi des ressources du change qu'il faut se reporter, pour bien comprendre la facilité relative de notre libération; le rapport de M. Léon Say donne à cet égard des indication précises, d'un grand intérêt. C'est en lettres de change que nous avons payé près de 4 milliards 1/4; pour y arriver le Trésor français n'a pas eu moins de 5,871,807,290 fr. d'achats de change à effectuer, car il fallait profiter des circonstances pour diminuer les frais, au moyen de la transformation succesive d'une partie des approvisionnements, échangés contre des valeurs allemandes, seules libératoires.

Nous n'entrerons point dans le détail technique de cette vaste opération; il faut, pour la connaître pleinement, se reporter au rapport de M. Léon Say et au tableau graphique qui l'accompagne, et qui fait saisir d'un coup la variation du cours du change de Paris sur Londres, à partir de juin 1871 jusqu'en septembre 1873. Le point culminant, 26 fr. 20, a été touché en octobre 1871, pour retomber rapidement au-dessous de 25 fr. 80, et même à 25 fr. 50. La moyenne n'a pas atteint ce dernier chiffre.

Pour obtenir ce résultat, il a fallu donner des facilités à la souscription de l'emprunt français à l'étranger, et faire participer toutes les grandes maisons de banque à une opération de change prudemment conduite.

C'est ainsi que la France a pu franchir un des défilés le plus périlleux du payement de la contribution de guerre; l'immense développement pris par les transactions internationales, et le mouvement des placements de fonds dans des pays divers donne seul la clef de la solution. C'est grâce au concours de ces forces réunies dans le monde entier qu'on a pu payer plus de 5 millards de francs à l'Allemagne, sans qu'il y eût de commotion violente dans les rouages de la circulation.

La France n'a pas paru en être appauvrie, dit M. Léon Say, et la circulation a été peu troublée; les changes n'ont jamais atteint les cours élevés qu'on aurait pu redouter. Nous avons été préservés de la dépréciation énorme des billets à cours forcé qui a affligé d'autres pays dans des circonstances qui paraissaient plus favorables que celles que nous avons rencontrées. Non-seulement la France n'a pas eu à subir de véritable crise monétaire, mais elle a mieux que d'autres nations supporté la crise financière.

Nous n'irons pas jusqu'à dire que les hommes compétents de l'Allemagne s'affligent, mais ils s'étonnent de ce résultat.

VI

Ils n'ont pas éprouvé une moindre surprise en ce qui concerne les effets économiques d'une richesse subitement conquise par la victoire. Il semblait que cette somme de plus de 5 milliards dût exercer une influence magique sur le développement de la prospérité intérieure, surtout lorsque l'on songe à la faible proportion des frais de guerre comparés à l'importance de la contribution.

M. Wagner a soigneusement étudié l'emploi qu'a reçu cette contribution. Il a commencé par établir la quotité destinée à effacer les sacrifices consentis, à rembourser les emprunts, à rétablir le matériel disponible et à compenser les autres pertes économiques. Le total ne monte pas à 1 milliard et demi.

A combien s'est élevé et qu'est devenu le surplus? C'est le second point mis en lumière. La plus grande part a été faite à la puissance militaire, aussi bien comme armements nouveaux que comme travaux défensifs et moyens d'une rapide mobilisation de l'armée. Le *trésor de guerre* a été rétabli et accru, la marine militaire a été agrandie, certaines dépenses utiles ont été couvertes, enfin des sommes considérables ont été réparties entre les divers membres de la confédération.

Les ressources consacrées à la campagne de France, se décomposent comme suit :

		Thalers.
Avances du trésor de guerre		30.000.000
Produit de l'emprunt de 1870 en 5 0/0	104.369.720	
Produit de bons du trésor à 5 0/0 émis pour cinq ans	95.752.500	200.122.220
Produit de bons à court terme, émission de 1870	42.992.500	
Émission de 1871	15.000.000	
Complément des 100 millions que devait couvrir la négociation des bons de cinq ans	4.247.900	62.240.300
Avances de la caisse de prêts		17.000.000
		309.362.520

D'autres petits chapitres complètent un ensemble de 311 millions 112,116 thalers, dans lequel les *contributions volontaires* figurent pour le maigre total de 394 thalers,— moins de 1,500 francs !

Le premier recours au crédit avait amené des conditions onéreuses qui, en tenant compte de la rapidité du remboursement effectué le 1er janvier 1873, font monter à 11 0/0 la charge supportée par l'État. Cette charge aurait été beaucoup plus élevée si le trésor de guerre n'avait point été employé à couvrir les premières avances.

(1) Wagner, p. 65-66.

Le tableau produit par M. Wagner (p. 112 et suiv.) donne le détail de l'emploi de la contribution.

Les frais de guerre de l'Empire, en y comprenant 4 millions thalers de dotations, sont portés, chapitre A, pour 73,132,407 thalers.

Les pensions payées aux invalides jusqu'à la fin de 1872 figurent pour 10,089,774 thalers, en dehors des 187 millions de thalers attribués comme dotation au fonds des invalides. Les secours fournis aux familles des soldats de la réserve et de la landwehr sont portés pour 4 millions de thalers; les secours consentis aux Allemands expulsés de France pour 2 millions thalers; le dédommagement payé à la marine allemande pour 5 millions 600,000 thalers; et la réparation des dommages causés pour 37 millions 700,000 thalers. Le chapitre B (dédommagements) s'élève donc à 246 millions 389,774 thalers, il comprend la dotation du fonds des invalides.

Le chapitre C contient les frais faits pour rétablir et pour fortifier la puissance militaire de l'Allemagne; 40 millions de thalers sont versés aux trésor de guerre; les forteresses de l'Alsace-Lorraine absorbent 40 millions 550,595 thalers et celles de l'Empire 72 millions thalers; la marine figure pour 31 millions 949,890 thalers; le dépôt des cartes militaires, pour 235,000 thalers; la commission des épreuves de l'artillerie, pour 1 million 175,000 thalers; la construction des forteresses allemandes, pour 74 millions thalers; l'extension de la marine, pour 31 millions 949,890 thalers. Total du chapitre C, 186 millions 110,840 thalers.

Au chapitre D se trouve porté un capital de 6.270.000 fr. pour l'administration de l'Empire.

Le chapitre E comprend les dépenses générales, telles que fonds de la caisse de l'Empire 2.000.000 th.; décharge des droits de douane et d'impôts 19.772.719 th.; construction du palais législatif de l'Empire 8.000.000 th. Au total 29.792.719 th.

Les placements productifs du domaine de l'Empire sont indiqués au chapitre F. pour un total de 143.872.554 th. dont 86.666.667 th. représentent l'achat des chemins de l'Est; 50.897.447 th. les dépenses faites pour l'aménagement, la construction et la reconstruction des chemins d'Alsace-Lorraine, enfin 638.440 th. consacrés à réparer et à compléter le chemin Guillaume-Luxembourg.

L'excédant de l'indemnité montant à 798.984.980 th., a été réparti entre l'ancienne confédération du Nord qui a obtenu 643.800.000 thalers, et les États du Sud, qui ont reçu 155.500.000 th., dont la Bavière a touché 91.030.000, le Wurtemberg 28.760.000, Bade 24.300.000 et la Hesse méridionale 11.390.000.

Les frais de guerre de l'Allemagne du Nord, largement calculés, et compris dans l'indemnité qu'elle a obtenue, se trouvent chiffrés à 377.330.421. Toujours est-il que sur les 1.484 millions de thalers, qui correspondent à environ cinq milliards et demi que l'Allemagne a tirés de la France, une partie considérable a servi, après le remboursement des frais et la réparation des dommages, à augmenter les armements et les approvisionnements militaires. Pour emprunter le langage de M. Wagner, l'Allemagne a profité ainsi d'une transformation du capital matériel en capital immatériel.

Ce résultat justifie aux yeux du savant professeur de Berlin l'énormité de la contribution exigée; c'est, dit-il, au point de vue politique que le payement a été imposé, c'est au point de vue politique qu'il doit être jugé, et quand même les forces contributives de la France auraient été dépassées, ce serait le résultat d'un dessein allemand bien justifié « *Eine berechtigte deutsche Absicht.* »

Nous n'apprécions pas, nous racontons, nous nous bornons à traduire fidèlement l'expression de la pensée allemande.

VII

Nous venons de reproduire d'une manière complète les chiffres qui permettent d'embrasser d'un coup d'œil les divers emplois de la contribution de guerre. Eblouie par le montant colossal des sommes reçues, l'Allemagne a cru y rencontrer la richesse ; elle a pensé trouver aussi un remède au mal économique, qui entravait le développement de la production. Quand même le fruit matériel de la victoire n'aurait pas été absorbé, pour la plus forte partie, par les frais improductifs des armements nouveaux et par les largesses faites, il est des lois de distribution qui ne permettent point à un déplacement violent des éléments de la richesse de produire les heureux résultats qu'amènent les conquêtes plus lentes du travail. Sans vouloir comparer l'état actuel de l'Allemagne avec celui de l'Espagne quand l'or du Pérou y semblait amener une prodigieuse richesse, il ne faut pas oublier que les métaux précieux n'ont fait que glisser alors entre les doigts du conquérant, qui n'avait point su les transformer en éléments de travail.

L'or et l'argent exercent sur l'économie des sociétés une influence différente de celle que leur attribue le préjugé vulgaire; ils valent non par leur accumulation, mais par le rapport qui s'établit entre eux et l'ensemble de la production et des transactions auxquelles ils servent de mesure commune et de véhicule. Aux époques anciennes on pouvait se vanter de conquérir par les armes ce qu'on dédaignait de se procurer par le travail; d'autres idées dominent le monde moderne, plus disposé au labeur qu'à la lutte, mieux équipé pour la paix qui féconde, que pour le combat qui détruit ou qui déplace les biens acquis.

Ces dernières années ont permis d'étudier sur le vif des conséquences qu'on aurait pu méconnaître, si on les avait simplement déduites des enseignements de la théorie. Le spectacle qu'ont offert la France et l'Allemagne doit servir, au milieu des douleurs qui l'accompagnent, à établir une vérité consolante et à prouver que l'économie politique ne saurait se séparer de l'idée morale. Le glaive ne tranche pas seul des questions de production et de richesse, et les dépouilles opimes subitement transportées d'un pays à un autre donnent plus de satisfaction à l'orgueil qu'à la puissance productive.

Il y aurait exagération à vouloir prétendre que les cinq milliards et demi payés rapidement par la France à l'Allemagne n'ont point diminué la richesse de l'une, ni augmenté celle de l'autre. Mais les calamités de la guerre se réparent, quand la source d'où provient le revenu annuel des nations ne tarit pas, tandis qu'un accroissement subit de richesse est loin de profiter dans la proportion de la masse enlevée, quand on la compare aux acquisitions successives du labeur annuel. Il en est des États, comme des individus, les jeux sanglants de la force réussissent rarement mieux que les jeux du hasard.

Les divers rouages du mécanisme économique des sociétés se trouvent dans un rapport qu'on ne déplace pas violemment sans qu'il en résulte des chocs périlleux. Le temps, a-t-on dit, ne respecte que ce qu'il fonde, et l'action du temps remplit toujours un grand rôle dans les choses humaines. Ce n'est pas tout que de se trouver soudain le maître d'un grand capital disponible, il faut encore être préparé à l'utiliser, il faut aussi échapper aux conséquences dangereuses qui accompagnent tout changement rapide dans l'équilibre des richesses.

D'anciens préjugés, désormais condamnés par les progrès de la science et de la civilisation, peuvent seuls faire regarder le versement d'une somme de cinq milliards et demi comme une cause de ruine irremédiable pour le vaincu et d'abondance permanente pour le vainqueur. On connaît mieux aujourd'hui la marche naturelle et les dimensions de la richesse des nations; cinq milliards et demi, c'est énorme sans contredit, mais ce chiffre répond seulement au quart du revenu annuel de notre nation, et au tiers de ce que procurent chaque année les forces productives de l'Allemagne. Ajoutons que, grâce à la puissance du crédit, une pareille contribution se répartit sur un nombre considérable d'années pour se traduire en arrérages successivement payés par l'impôt. Cette charge est lourde, elle doit affecter longtemps le pays qui continue de la subir bien après qu'il a réglé ses comptes avec l'étranger, car la dette qu'il a contractée continue de subsister sous une forme différente. Mais la libération en bloc, qui aurait rencontré d'insurmontables difficultés à des époques rapprochées de la nôtre, s'accomplit ainsi sans que la souffrance qui en résulte se manifeste dans toute l'étendue du sacrifice consenti. Cela explique pourquoi la France, qui a perdu une portion considérable de ses capitaux placés à l'étranger, et qui doit supporter une pénible augmentation d'impôts, ne paraît pas aussi appauvrie que si elle avait vu disparaître dans la même proportion le capital de production.

D'un autre côté, l'Allemagne, qui a reçu des sommes immenses, ne peut s'en servir qu'à la longue, tout en voyant une grande partie s'absorber aussitôt dans des emplois qui ne contribueront point à la prospérité matérielle.

La guerre a nourri la guerre, suivant l'ancienne maxime, singulièrement dépassée dans les circonstances présentes; elle a nourri aussi les réserves de toute nature, et les armements de toute sorte destinés à fortifier la puissance militaire; mais la part faite à l'accroissement de la puissance économique a été restreinte.

L'Empire d'Allemagne a profité de la contribution française pour éviter au début de nouveaux impôts; il n'a guère réussi à diminuer les anciens. Dès cette année il est forcé, pour maintenir l'équilibre de son budget, de recourir à des taxes nouvelles. Aussi s'est-il moins enrichi qu'on n'a été porté à le supposer.

Ce n'est pas tout : les résultats favorables, au point de vue économique, diminuent au contact d'une observation exacte, tandis que des conséquences fâcheuses viennent les balancer en vertu des lois naturelles de l'échange et de la circulation.

Nous essayerons de dresser à cet égard, le compte des profits réellement obtenus et des inconvénients subis.

VIII

Le bénéfice le plus considérable de l'Allemagne consiste, comme l'expose M. Soetbeer, en ce qu'elle a pu poursuivre l'œuvre de la transformation de la circulation d'argent en circulation d'or. Nous ne sommes pas de ceux qui exagérèrent le profit de ce changement, dont le succès des armes a seul fourni la possibilité pratique. Près d'un milliard d'or français, qui n'a pas été en entier exporté de France, a servi à frapper les *marks de l'Empire*. La solidité du terrain métallique de la circulation s'est accrue, c'est là un avantage sérieux, plus grand et moins contestable, que celui de la concentration dans un seul métal de la faculté libératoire. Que les instruments de la circulation soient d'or ou d'argent, l'important est de les posséder dans la proportion nécessaire et d'établir solidement le mécanisme métallique; l'Allemagne l'a construit chèrement, mais elle pouvait se passer ce luxe, et elle a obtenu la machine qui épargne le plus de temps et de travail.

M. Wagner fait ressortir l'avantage d'un mécanisme métallique plus puissant, acquis par l'Empire. Mais ce mécanisme, construit seulement en or, est plus dispendieux; il ne possède pas l'élasticité et la régularité de l'emploi simultané de l'or et de l'argent, et M. Wagner n'a point méconnu le service que la double monnaie légale avait rendu à la France, surtout au milieu des dernières complications; il signale le bon côté de l'influence ainsi exercée chez nous : *Einfluss der Doppelwährung*.

Il faudra employer plus d'or qu'on n'employait d'argent, car le complément fourni par les billets d'une coupure inférieure à 125 francs va disparaître du moment où l'on écarte de la circulation la monnaie de papier, presque exclusivement employée jusqu'ici pour accomplir les transactions du marché intérieur.

L'Allemagne a puisé dans la contribution de guerre le moyen d'appliquer une résolution téméraire, qui lui aurait sans cela imposé une charge intolérable. Comment l'Empire, s'il n'avait point touché la contribution de guerre, aurait-il pu immobiliser un capital pareil pendant l'époque du *frappager*, et qu'il retient aujourd'hui encore, alors qu'il craint de voir exporter une masse considérable de son nouveau capital métallique, dont la matière première lui a été fournie par nos pièces de vingt francs, par les *frédérics et les couronnes d'or*, par les souverains anglais et par les lingots.

Quant à l'*utilité économique* de la transformation métallique, elle reste tout au moins douteuse, car le marché allemand commence à éprouver l'influence plus vive, exercée sur la variation et l'élévation de l'escompte par la circulation exclusive de l'or.

Le partisan le plus déterminé de la monnaie d'or, M. Soetbeer, reconnaît que la réforme monétaire, à laquelle il a si activement contribué, aurait été peu praticable sans le concours inespéré de l'amende pécuniaire infligée à la France. Cette réforme en serait encore aux premiers essais (1); sans le fruit de la victoire, on n'aurait pu ni se procurer la matière première, ni supporter les frais. L'œuvre législative se serait heurtée, même dans l'hypothèse la

---

(1) Soetbeer, p. 28-29.

plus favorable, à la nécessité de maintenir la double monnaie libératoire.

Cet aveu mérite d'être enregistré alors que l'esprit de système essaye encore de nous lancer dans la périlleuse expérience de la démonétisation de l'argent. M. Soetbeer reconnaît lui-même que la perspective de la reprise des payements en espèces ne nous permet point de songer sérieusement à tenter une réforme radicale qui n'a pour elle qu'une théorie mal éprouvée. Ce savant écrivain a constaté, d'ailleurs, de quel précieux secours nous a été, pour le payement de la contribution de guerre, l'emploi de la double monnaie légale (1).

Si nous ajoutons à la réforme monétaire le profit de l'acquisition et de l'extension des chemins d'Alsace-Lorraine et l'amélioration du chemin Guillaume-Luxembourg, nous aurons presque épuisé le compte de la véritable conquête productive à l'avantage de l'Allemagne; celle-ci se traduit par un rendement assez faible, qui n'augmente pas de beaucoup les recettes permanentes de l'Empire.

IX

Nous touchons à une autre application du bénéfice acquis par l'Allemagne, et nous n'admettrons ici qu'en partie l'opinion exprimée par M. Wagner.

Nous croyons comme lui que l'appréciation des différences entre l'importation et l'exportation des produits, au point de vue de l'ancienne balance du commerce, est erronée. Sans parler de l'influence qu'exerce aujourd'hui sur le règlement des affaires internationales l'intervention d'un article nouveau, *du titre*, depuis longtemps on avait fait remarquer que si les tableaux de douanes étaient dressés avec exactitude, les importations devraient toujours l'emporter sur les exportations, car les premières arrivent sur le territoire, chargées des frais de transport et d'assurance, que les autres doivent acquitter avant d'aller s'échanger, produits contre produits, sur les marchés étrangers; ajoutons encore les bénéfices du négociant et de l'armateur, ainsi qu'un élément qui existait mais dont l'importance s'est bien accrue de notre temps, les arrérages et intérêts, provenant des placements faits au dehors.

Ainsi les tableaux des douanes ne donnent guère une idée exacte des relations commerciales. Quand ils nous annoncent un

(1) Id., p. 14 à 16.

excédant des exportations sur les importations, nous n'aurions pas à nous en féliciter, si nous ne savions qu'une partie notable des produits envoyés au dehors se transforme en placements, ou bien détermine l'affluence des matières précieuses. C'est ainsi que nous expliquons notre excédant d'exportations de 510 millions en 1872 et 1873; cet excédant a préparé l'énorme surplus d'importation d'or et et d'argent, qui, déduction faite des envois de ces métaux à l'étranger, se chiffre, pour les dix premiers mois de 1874, à près de 700 millions; ils ont servi à reconstituer notre stock métallique. Mais ce n'est pas de ce côté que nous avons puisé les moyens de libération.

De 1827 à 1873 notre excédant d'exportation de marchandises avait été de 3,597 millons, et celui d'importation de numéraire de 6,192 millions. Si, comme il y a encore cinquante ans, on ne rencontrait d'autres affaires internationales que celles qui amènent un solde en marchandises et l'achat du métal, la balance favorable d'or et d'argent ne suffirait point pour nous satisfaire. Nous préférerions de beaucoup la situation de l'Angleterre, qui présente un phénomène incompréhensible aux yeux des partisans de la doctrine mercantile. En effet, l'excédant des importations y a été en quinze ans (1847-1873) d'environ 800 millions de livres sterling ou de 20 milliards de francs, qui représentent une moyenne de plus de 1,300 millions par an. Le chiffre de l'excédant des importations était en 1854 de 24 millions de livres (600 millions de fr.), il s'est élevé en 1873 à plus de 60 millions de livres (1 milliard et demi de fr.), et l'Angleterre, au lieu de se ruiner, s'est grandement enrichie.

Jusqu'ici nous sommes d'accord avec les idées que professe M. Wagner, mais il nous semble qu'il se félicite trop du développement soudain des marchandises arrivées en Allemagne depuis la guerre! Le commerce de l'Allemagne avec l'Angleterre est passé, pour l'excédant des achats, de 4 millions de livres (100 millions de fr.) à 10 millions de liv. (250 millions de fr.), et ce ne sont pas les instruments de travail qui comblent la différence, mais surtout les objets de consommation. Cela signifie deux choses : une vie plus large et une dépense d'existence accrue grâce à la contribution! M. Wagner s'en félicite, il trouve bon qu'après avoir jeûné pendant des siècles, le peuple allemand vive plus largement; mais ces habitudes nouvelles de dépense ne rencontrent pas le même assentiment de la part d'un autre économiste, M. Soëtbeer. Celui-ci comprend que la frugalité française est une de nos principales sources de prospérité; elle marche accompagnée de l'esprit de prévoyance et d'épargne, tandis que celui-ci perd du terrain en Allemagne.

En outre, l'affluence subitement accrue des produits étrangers, dénonce une grande élévation des prix du marché allemand, et cette élévation tient à l'augmentation de la demande, suscitée par les milliards de la contribution de guerre, elle tient aussi à la baisse subie par la matière métallique. On aura beau faire, quand celle-ci ne représente point la contre-valeur des résultats accrus du travail, et qu'elle ne dérive que d'un déplacement violent, elle ne saurait rencontrer les canaux de la circulation préparés pour la recevoir, elle conduit à la pléthore qui amène l'exportation obligée de l'or. On ne peut retenir celui-ci qu'en pesant sur l'écrou de l'escompte, c'est-à-dire en renchérissant le loyer du capital.

L'Allemagne a beaucoup plus importé qu'exporté parce qu'elle a pu payer davantage, mais elle a eu aussi à faire face au renchérissement du prix de toutes choses. Si elle n'a pas jusqu'ici d'impôt nouveau à subir, la hausse des prix a exercé la même pression sur la position des habitants. Les frais de la guerre ont été rejetés sur nous, cependant il ne faut pas oublier non plus le trouble causé dans toutes les industries par le départ de l'armée d'invasion, enlevée en grande partie aux champs et à l'atelier. Le travail allemand a dû souffrir, et les nouvelles conditions qui lui sont faites ne semblent pas de nature à en relever la prospérité.

X

M. Wagner fait ressortir avec complaisance les avantages qu'il voit à une nouvelle distribution des biens entre les peuples et entre les diverses fractions de la population. Cependant on ne viole pas impunément les lois naturelles de 'économie politique, elles se revengent de l'atteinte qu'on leur a fait subir.

C'est au bénéfice des travailleurs, dit M. Wagner, que cette révolution s'est accomplie, et il invoque la hausse générale des salaires. Il ne tient pas suffisamment compte de la cherté, qui balance l'élévation nominale du gain des ouvriers; il omet aussi de signaler les conséquences du déplacement de la population, de plus en plus attirée vers les villes. Le coût élevé des loyers est devenu en Allemagne une véritable calamité publique, singulièrement accrue par le contre-coup du triomphe remporté et de la rançon reçue. Admettons que la hausse du salaire dépasse celle du prix de toute chose, et qu'elle laisse un excédant au profit de l'ouvrier; il ne faut pas concentrer son attention sur le côté matériel des choses, il faut pour asseoir un jugement complet et sûr, en étudier aussi le côté moral.

Comment les ouvriers ont-ils usé d'une élévation relative des salaires? Est-ce pour fournir un aliment à des satisfactions éphémères et à des séductions périlleuses, ou bien pour relever leur condition permanente à leur avantage et à celui du pays?

Les dangers d'une apparence de richesse, subitement acquise, ne sont pas moins grands pour les peuples que pour les individus. Laissons aux préjugés la glorification du butin, et n'oublions jamais que le point de vue moral est en harmonie avec le développement de la force véritable; celle-ci vient du travail accru et d'une économie persévérante. Il ne suffit pas à l'homme de pouvoir plus largement disposer de ce qu'il obtient, il faut encore qu'il y soit préparé.

Il ne suffit pas non plus de dire avec M. Wagner : nous avons plus acheté et mieux vécu. Y a-t-il eu accroissement de production et accroissement de l'épargne populaire? voici l'essentiel.

Avant la guerre, les efforts de Schultze-Delitsch ont été dirigés dans ce sens; mais les prédications des socialistes ne comprennent pas ainsi le progrès. Ils crient aux ouvriers *n'épargnez pas, jouissez.* Là est le danger : un gain plus élevé amène malheureusement une prodigalité relative; le souci de l'avenir s'affaiblit, le ressort de l'activité se détend. Nous sommes étonnés du laisser-aller avec lequel un économiste penche du côté de cette triste œuvre, en approuvant la compensation qu'il croit établir entre les facilités du présent et les rigueurs du passé. Il a trop sacrifié au côté matériel de la question : ce n'est pas sur cette voie que les nations grandissent.

On ne doit pas non plus exalter les prétendus avantages d'une nouvelle distribution des biens entre les peuples, alors qu'un déplacement subit crée la pléthore du capital mobile. Les classes riches et les classes moyennes n'y ont pas gagné en Allemagne; elles ont été doublement atteintes, et par l'élévation des prix, et par la tentation de compenser cette nouvelle charge, au moyen d'un gain rapide, obtenu sans peine. MM. Louis Bamberger et Soëtbeer ont insisté sur ces inconvénients, inséparables d'une prompte réalisation de la rançon française.

Au début l'Allemagne craignait que cette riche récompense de la victoire ne pût lui échapper; elle doutait de la réalisation d'une aussi large créance et rapprochait les termes du paiement. Il eût été de bonne politique de ne pas tant se hâter.

L'intérêt de la France était autre : elle a procédé avec autant de vigueur que d'habileté, car elle avait pour but une prompte libération du territoire.

Les hommes compétents de l'Allemagne déplorent la promptitude des rentrées obtenues; ils auraient voulu qu'après avoir reçu une somme considérable, le nouvel empire dégageât la question des paiements ultérieurs de celle de l'évacuation, de manière à procéder avec moins de précipitation au placement d'un si grand capital.

On a remboursé subitement les emprunts de guerre, en obligeant ceux qui touchaient le capital disponible à en faire un usage, qui n'a pas toujours été réfléchi. Tous ceux qui vivent d'un revenu stable ou d'un traitement fixe se trouvaient exposés à une certaine gêne, par suite du renchérissement général qui venait rompre l'équilibre des dépenses et des recettes de nombreux ménages. La tentation des profits élevés devenait plus instante, elle poussait aux entreprises téméraires. L'enivrement du succès obtenu contribuait également à lancer les esprits dans cette direction, et l'on devait se heurter contre les excès de l'agiotage, fruit d'une spéculation à outrance, de *l'Over-speculation.*

De là cet immense mouvement communiqué à toute l'Allemagne, et dont l'Autriche a éprouvé le contre-coup. Le *Crach* de Vienne a été contemporain des embarras de Berlin et d'autres grandes places de l'Empire germanique. Au milieu d'une abondance inespérée, on éprouva soudain le manque des ressources, et l'on écrivait de Berlin : Chose étrange, nous sommes exposés à une véritable détresse, comme si nous avions payé les cinq millards, au lieu de les recevoir.

C'est que le capital destiné aux entreprises n'était point en proportion des opérations entamées sur une immense échelle. On croyait triompher sur le marché aussi facilement que sur le champ de bataille : on a chèrement payé cette illusion.

La transmission soudaine du capital, enlevé à la France, avait créé un véritable mirage. On pensait posséder d'inépuisables ressources, alors que celles qui proviennent du travail régulier et qui se renouvellent sans cesse sont bien autrement sûres et fécondes. D'ailleurs, comme nous l'avons rappelé d'après M. Wagner qui signale ce fait avec orgueil, la *contribution*, après avoir servi à écarter la nécessité de nouveaux impôts, a surtout été consacrée à fortifier la puissance militaire et la puissance politique en sacrifiant le *capital matériel* à la formation de ce *capital immatériel.*

Quant aux différentes parties de la population, ouvriers, bourgeois, rentiers, employés, ils en ont peu profité, quand ils n'ont pas été entraînés aux pertes provenant des emplois inconsidérés et du changement des habitudes de la vie.

N'écoutez pas, disait Franklin, ceux qui prétendent que vous pouvez vous enrichir autrement que par le travail et par l'économie. Ce conseil s'adresse aussi bien aux peuples qu'aux individus.

Rien ne nous paraît meilleur ni plus consolant que cette confirmation éclatante des enseignements de l'économie politique, à la suite de la plus grande expérience financière dont le monde ait eu jusqu'ici le spectacle. On comprendra désormais, il faut l'espérer, d'une manière plus générale la nature et les causes de la richesse des nations : l'expérience de ces dernières années a été l'application pratique des vérités enseignées par le grand livre d'Adam Smith.

Le numéraire, n'est pas le capital : il n'en constitue qu'une faible fraction, d'autant plus réduite que la civilisation se développe davantage, et qu'un pays est plus avancé dans la voie de l'abondance véritable et de la richesse accrue.

Un pays riche possède toujours le numéraire nécessaire pour accomplir l'office d'une circulation solide; s'il subit une perte de ce côté, elle est promptement réparée, et l'équilibre se rétablit sans aucun effort artificiel.

La contre-partie de cet enseignement n'est pas moins bien établie; la surabondance de valeurs métalliques, loin de servir, nuit, elle amène une hausse générale des prix et provoque l'écoulement nécessaire du métal superflu.

La France sera irrémédiablement ruinée par le payement de cinq milliards et demi, puisque son stock métallique ne s'élève pas plus haut ; l'Allemagne l'emportera sur tous les autres États, puisqu'elle réunira, après avoir touché la contribution de guerre, une masse d'or supérieure à celle que possèdent les autres pays, tel était le cri de joie et d'alarme qui retentissait de divers côtés, et que propageait la persistance d'anciens préjugés!

Ces prévisions ont été doublement démenties.

Cinq milliards et demi de rançon ne signifient pas cinq milliards et demi de paiement en numéraire. La France a pu se libérer en apparence, sinon en réalité, sans avoir à faire sortir temporairement le sixième de cette somme en espèces, et en recouvrant promptement la partie aliénée. D'un autre côté, si les milliards d'or étaient arrivées avec cette abondance, qu'en aurait pu faire l'Allemagne? Pour les utiliser comme moyen de circulation, il aurait fallu que la production et les échanges eussent triplé ; en les conservant sous forme de trésor stérile, on aurait bouleversé le marché universel, on y aurait créé un vide artificiel. On aurait aussi méconnu le premier principe de la bonne politique financière, qui consiste à tirer un produit de toute valeur acquise, car le capital employé devient un appe au travail et provoque la création de biens nouveaux, en même temps qu'il obtient pour récompense une fraction de cet accroissement général de la richesse.

Or l'Allemagne n'était prête ni pour une extension aussi extrême des moyens de circulation, ni pour l'emploi au dedans d'aussi vastes capitaux. Il est vrai que les exigences insatiables des armements nouveaux ont permis en grande partie de simplifier le problème en absorbant les ressources acquises. Le surplus a dû faire face à une dépense rapidement accrue, à la consommation des produits étrangers, à la transformation du mécanisme métallique qui avait pour but de substituer l'or à l'argent, et à la conséquence d'une hausse générale des prix.

Ce qui restait a été employé en partie au remboursement des emprunts récents amenés par les préparatifs de la guerre ; ce payement a favorisé les entreprises téméraires et fourni un aliment aux excès d'une spéculation désordonnée.

Quant aux impôts, aucun allégement sérieux n'a pu y être apporté et l'espoir d'en éviter l'accroissement ne s'est même pas réalisé. Au moment où nous traçons ces lignes, on cherche sous quelle forme on pourra demander à l'empire d'Allemagne des ressources budgétaires indispensables.

L'Allemagne s'est substituée, mais pour une somme qu'il ne faut pas exagérer, à l'avantage recueilli jusque là par la France, pour la perception des revenus de placements du dehors ; les autres peuples qui étaient nos tributaires, sous cette forme, sont devenus, pour la partie aliénée par nous, les tributaires de l'Empire germanique ; c'est un revenu qui ne représente qu'une faible proportion, quand on le compare au revenu national.

En ce qui concerne nos nouvelles émissions de rentes, elles ont obéi à la loi, que nous avons déjà signalée, elles ont fait retour presque en totalité au pays d'origine. Nos ressources, prélevées par l'impôt pour couvrir les arrérages, fournissent aux nationaux des éléments de revenu.

M. Wagner signale ce fait comme un élément nouveau de trouble dans la distribution de la richesse, entre les diverses portions de la population française. L'accroissement de l'impôt contribue, dit-il, à enrichir le riche et à appauvrir le pauvre, il en augure mal pour l'avenir de notre paix sociale.

Ici encore son jugement repose sur des données incomplètes, mais nous devons en profiter comme d'un avertissement salutaire. Ce qui est vrai, c'est que nous devons nous attacher à ne pas aggraver démesurément la masse de l'impôt, et nous montrer moins impatients d'une prompte extinction de la dette publique, qui risquerait d'en affaiblir le support le plus solide, la prospérité de la production. Rien de plus délicat que la matière de l'amortissement ; il n'en est pas des Etats comme des particuliers, et l'on ne saurait appliquer à l'aveugle le proverbe : « Qui paie ses dettes s'enrichit. » L'application de ce dicton n'est vraie qu'autant que l'on ne tarit point les sources de la richesse future.

On nous dit : votre liquidation n'a été qu'apparente ; elle figure correctement sur le papier, cependant il faut mesurer la réalité des choses. Vous n'avez pas payé en numéraire, mais au moyen d'une masse d'engagements divers qui ne s'effacent pas en se transformant.

Nous admettons l'exactitude de ces assertions, cependant dans la position douloureuse qui nous a été faite, nous n'y rencontrons ni sujet de plainte amère, ni motif d'alarmes exagérées.

Les économistes allemands ont sainement apprécié la situation en disant que le créancier a moins profité que le débiteur n'a souffert. M. Louis Bamberger, député au *Reichstag* de Berlin, dit avec raison (1) que la loi économique, qui n'a pas permis à l'Allemagne de s'enrichir trop vite, a également protégé la France contre une diminution trop rapide de la richesse.

La liquidation de notre dette n'a été en grande partie qu'apparente : c'est vrai. Une opération aussi colossale demande plus de temps pour s'accomplir, mais aussi le déplacement des ressources ne s'accomplit que peu à peu, sans provoquer de nouvelles ruines. Si le payement n'a été, pour beaucoup, que supposé en ce sens qu'il laisse une charge future qui figure aujourd'hui seulement sur le papier, mais qui devra être acquittée plus tard, en place d'une transmission immédiate de capital actif, n'en résulte-t-il pas clairement une situation plus tolérable ? Nous ne risquons point, alors que nous n'acquittons pas à l'instant toute la carte à payer pour nos folies guerrières, et que nous la reportons en partie sur les générations futures, nous ne risquons pas de nous faire illusion sur les pertes subies : celle de l'Alsace et de la Lorraine suffit pour empêcher que le passé ne s'efface trop vite de la mémoire. En profitant d'un crédit mérité par la fidélité avec laquelle la France sait accomplir ses engagements, nous obtenons un délai nécessaire pour empêcher la déperdition des forces productives. Il en résulte que le débiteur a pu paraître moins embarrassé de faire face à ses obligations, que ne l'était le créancier pour consacrer à des emplois profitables le montant de la rançon obtenue.

(1) Die fünf Milliarden, p. 16.

La transmission des valeurs de crédit et des lettres de change a singulièrement amorti le choc; elle a élargi les limites dans lesquelles le vide des moyens de circulation aurait dû se produire d'un côté, tandis que l'excès aurait sévi de l'autre. Le mécanisme de la circulation obéit aujourd'hui dans le monde à une loi d'inexorable solidarité, à l'image de ce que nous enseigne le phénomène de la circulation du sang. Quand il y a trop d'affluence d'un côté, il y a péril, les extrémités souffrent. On devait s'appliquer à combattre ces troubles violents, en ménageant la transition. On devait agir de manière que le numéraire pût continuer à remplir son office sur les divers marchés, en attendant les termes de payement; notre trésorerie y a parfaitement pourvu en organisant, à l'étranger, des dépôts de fonds provenant des versements sur l'emprunt, et en faisant employer ces fonds pour attendre les époques successives de la libération. Non-seulement nous n'avons pas perdu l'intérêt de sommes considérables, mais, ce qui est le plus important, en les conservant dans le mouvement des affaires nous avons contribué à entretenir le jeu régulier des rouages de la production. — En facilitant la souscription de l'emprunt à l'étranger et en combinant, avec la garantie de la souscription, les opérations du change, nous avons préparé de riches éléments de libération, sans causer d'ébranlement violent sur le marché universel. Ce sont ces procédés divers qui ont accru les ressources du portefeuille du change, résultat régulier des opérations internationales.

Quand M. Léon Say nous dit que la théorie de cette immense transmission d'une pareille masse de valeurs, d'un pays à un autre, dans un espace de temps aussi bref, sans crise profonde, lui échappe en partie, il est trop modeste car il a très-bien montré comment cette mutation a pu s'accomplir; il a fait lire dans la nature des affaires qui ont alimenté la masse des billets de change. Dans cette masse énorme de plus de 120 mille effets divers, tout se rencontre, tout est confondu : la vente des marchandises, les crédits de banque, le règlement des dettes sous forme de coupons, la rentrée dans le coût des rentes, des actions et des obligations étrangères, et nous ne saurions le nier, les négociations à découvert et le contre-coup d'une émission considérable, mais heureusement limitée quant au temps, des billets à cours forcé.

C'est ainsi que ce qui semblait irréalisable s'est accompli, et que la puissance nouvelle du crédit et de l'échange s'est largement manifestée pour nous aider à sortir d'une situation en apparence désespérée.

Gardons-nous de méconnaître ni d'oublier les véritables enseignements qui ressortent de cette grande complication économique et financière. Ils tournent au profit des doctrines salutaires de l'économie politique, ils montrent la force triomphante du travail, de l'économie et d'un mécanisme solide de la circulation; les véritables sources de la prospérité des nations ne sont que là, et il est aussi bon que salutaire de comprendre qu'on s'enrichit difficilement des dépouilles d'autrui.

TABLE DES MATIÈRES.

Typ. A. PARENT, rue Monsieur-le-Prince, 29-31

OUVRAGES DE M. WOLOWSKI

Chez le même Éditeur :

Des sociétés par actions, 1837.	Prix : 2 fr. 50
De la mobilisation du crédit foncier, 1839.	2 fr. 50
Cours de législation industrielle, 1840.	1 fr. »
Des fraudes commerciales, 1842.	1 fr. »
De l'organisation du travail, 1843.	1 fr. »
Organisation du crédit foncier, 1848.	2 fr. 50
Etudes d'économie politique et de statistique, 1848.	7 fr. 50
Henri IV, économiste, 1856.	1 fr. »
Le grand dessein de Henri IV, 1860.	1 fr. »
Principes d'économie politique de Roscher. — Introduction, 1857.	1 fr. »
Economie politique du moyen âge, 1859.	1 fr. »
Les brevets d'invention, 1860.	1 fr. »
La propriété des mines, 1860.	1 fr. »
Mazarin, 1862.	1 fr. »
La monnaie, 1863.	1 fr. »
La question des banques, 1864.	7 fr. 50
Traité de la première invention des monnaies, par Nicole Oresme, et traité de la monnaie de Copernic, 1864.	8 fr. »
Les finances de la Russie, 1864.	5 fr. »
Déposition dans l'enquête de la circulation, 1866.	10 fr. »
La banque d'Angleterre et les banques d'Ecosse, 1868.	7 fr. 50
La liberté commerciale, 1868.	7 fr. 50
Notions générales d'économie politique, 1868.	1 fr. »
Le travail des enfants, 1868.	1 fr. »
Le change et la circulation, 1869.	1 fr. »
La question monétaire, 1869.	2 fr. »
L'enquête monétaire, 1870.	2 fr. »
L'or et l'argent, 1870.	7 fr. 50
La liquidation sociale, 1870.	1 fr. »
De l'utilité pour les ouvriers d'étudier l'économie politique, 1872.	1 fr. »
L'Impôt sur le revenu, 1872.	2 fr. »
L'Exposition universelle de Vienne, 1873.	1 fr. »
L'Impôt du sel, 1874.	1 fr. »
Discussion sur la banque de France, 1874.	0 fr. 50

Paris. — Typ. A. PARENT, rue Monsieur-le-Prince, 29 et 31.

Librairie GUILLAUMIN et Cie, rue Richelieu, 14

JOURNAL DES ÉCONOMISTES

www.ingramcontent.com/pod-product-compliance
Lightning Source LLC
LaVergne TN
LVHW021714230826
846091LV00006BA/2172